BEI GRIN MACHT SICH IHR WISSEN BEZAHLT

- Wir veröffentlichen Ihre Hausarbeit,
  Bachelor- und Masterarbeit

- Ihr eigenes eBook und Buch -
  weltweit in allen wichtigen Shops

- Verdienen Sie an jedem Verkauf

Jetzt bei www.GRIN.com hochladen und kostenlos publizieren

Bibliografische Information der Deutschen Nationalbibliothek:

Die Deutsche Bibliothek verzeichnet diese Publikation in der Deutschen National-
bibliografie; detaillierte bibliografische Daten sind im Internet über http://dnb.d-
nb.de/ abrufbar.

Impressum:

Copyright © 2000 GRIN Verlag, Open Publishing GmbH
Druck und Bindung: Books on Demand GmbH, Norderstedt Germany
ISBN: 9783640627806

Dieses Buch bei GRIN:

http://www.grin.com/de/e-book/151045/die-sozialstruktur-der-ehemaligen-ddr-
und-ihre-modernisierung

Thomas Gräfe

Die Sozialstruktur der ehemaligen DDR und ihre Modernisierung

GRIN Verlag

Thomas Gräfe

Die Sozialstruktur der ehemaligen DDR und ihre Modernisierung

Inhaltsverzeichnis

I. Einleitung 2

II. Zum Begriff "Modernisierung" 2

III. Zur Sozialstruktur der (ehemaligen) DDR 3

    a) Modernisierungsfortschritte 4

    b) Modernisierungsdefizite 5

IV. Nachholende Modernisierung in den neuen Bundesländern 9

    a) Modernisierungstendenzen als Folge der Wiedervereinigung 9

    b) Demodernisierungstendenzen als Folge der Wiedervereinigung 11

V. Zusammenfassung 12

Literaturverzeichnis 14

I. Einleitung

Moderne europäische Gesellschaften, wie sie seit den politischen Revolutionen des späten 18.

Jahrhunderts und der Industriellen Revolution gewachsen sind, unterscheiden sich von vormodernen

organischen Sozialsystemen durch funktionale Ausdifferenzierung in den Bereichen Politik,

Wirtschaft, Kultur und Gesellschaft. In einer als modern bezeichenbaren bürgerlichen Gesellschaft

gekennzeichnet durch Demokratisierung, marktabhängiges Wirtschaften und kulturelle Pluralität sind

politische, ökonomische und kulturelle Entscheidungsträger nicht mehr identisch.

Von diesem Modernisierungsverständnis ausgehend, lässt sich die Sozialstruktur der DDR als

modernisierungshemmend, ja als Modernisierungsrückschritt kennzeichnen und die sozialstruktu-

rellen Wandlungen im Gefolge der Wiedervereinigung als nachholende Modernisierung deuten.

Aufgabe dieser Arbeit ist es, in kurzer Form, dies in den einzelnen gesellschaftlichen Teilbereichen

nachzuvollziehen. Da die oben gegebene Definition von Modernisierung umstritten und problematisch

ist, weil ihr ein lineares Geschichtsverständnis zugrunde liegt[1], soll zunächst im ersten Teil näher auf den

Modernisierungsbegriff eingegangen werden. Ausgehend von einer modifizierten Version des

Modernisierungsbegriffs kann dann die Sozialstruktur der DDR auf Modernisierungsfortschritte und

Modernisierungsdefizite untersucht werden. Anschließend werden die Auswirkungen der Zäsur der

Wiedervereinigung und des folgenden Transformationsprozesses (in Richtung des Gesellschaftsmo-

dells der BRD) auf die ostdeutsche Sozialstruktur thematisiert.

II. Zum Begriff "Modernisierung"

Zur Analyse sozialen Wandels wird in der Soziologie häufig der Begriff Modernisierung verwendet.

Als systematisches Modell zur Beschreibung und Bewertung von Nachkriegsgesellschaften erscheint

dieser Begriff zum ersten Mal im Rahmen von Parsons Arbeiten zum Strukturfunktionalismus in den

1950er Jahren. Parsons stellt das Gesellschaftsmodell der westlichen Industrienationen, insbesondere

der USA, als Leitbild dar und geht von einer evolutionären Entwicklung der "unterentwickelten

Staaten" in Richtung dieses Leitbildes aus. (Parsons 1972.) Kritiker haben bemängelt, dass diese De-

---

[1]Zumindest behaupten das "postmoderne" und neohistoristische Kritiker.

finition des Modernisierungsbegriffs einer Idealisierung der westlichen Gesellschaften nahe kommt und außerdem Brüche und Kosten im Modernisierungsprozess vernachlässigt. Die Schwächen einer "linear" gedachten Modernisierung von Gesellschaften in Richtung eines Idealbildes hat auch die vieldiskutierte These des Historikers Francis Fukuyama aufgedeckt, der nach dem Zusammenbruch der "bipolaren Weltordnung" von einer Vollendung der globalen Modernisierung im Sinne des westlich- liberalen Gesellschaftsmodells und damit vom "Ende der Geschichte" ausgeht. (Fukuyama 1992.) Neuere Modernisierungskonzepte gehen nicht mehr von einer linearen Entwicklung aus. Modernisierung wird jetzt als "ein variantenreicher und keineswegs linearer Vorgang, gekennzeichnet von ungleichzeitigen Abläufen, Rückschritten und widersprüchlichen Teilentwicklungen", beschrieben. (Rucht 1994, S. 60.) Die Kriterien, an denen die Modernität einer Gesellschaft und ihrer Struktur gemessen werden kann, sollen Rationalität und Leistungsfähigkeit sein, und zwar im Hinblick darauf, ob "eine möglichst hohe Befriedigung der Wünsche und Bedürfnisse möglichst vieler Menschen" durch sie gewährleistet werden kann. (Geißler(A) 1992, S. 305.) Das heißt, dass eine Gesellschaft, um als modern zu gelten, einer immer größeren Mehrheit ihrer Mitglieder eine positive Bilanz von Befriedigungen und Versagungen ermöglichen muss. (Geißler 1996, S. 360.) Diese Maßstäbe sollen im Folgenden der Untersuchung und Beurteilung der Sozialstruktur der (ehemaligen) DDR zugrunde liegen und es ermöglichen, Modernisierungsfortschritte und -defizite ausfindig zu machen.

III. Zur Sozialstruktur der (ehemaligen) DDR

Ausgehend von dem skizzierten Modernisierungsbegriff lassen sich in der Sozialstruktur der DDR sowohl Modernisierungsvorsprünge, als auch Modernisierungsdefizite im Vergleich mit der Sozialstruktur der BRD feststellen. Elemente, die für die Modernisierung in der BRD als charakteristisch bezeichnet werden können (Wohlstandssteigerung, Höherqualifizierung, Umschichtung nach oben, Verschiebungen innerhalb der drei Produktionssektoren, Lockerung des Schichtgefüges, Verringerung geschlechtsspezifischer Ungleichheiten, Lockerung der Familienbindungen, Differenzierung der privaten Lebensformen, Alterung und Geburtenrückgang) sind auch in der Sozialstruktur

3

der DDR wiederzufinden, allerdings nicht in gleicher Ausprägung. Es bestanden und bestehen z.t.

weiterhin sowohl Modernisierungsfortschritte, als auch Modernisierungsdefizite in der ostdeutschen

Sozialstruktur, wobei die Modernisierungsdefizite eindeutig überwiegen und z.t. systemsprengende

Wirkungen entfachten. (Geißler(A) 1992, S. 305ff./ Ebd. 1996, S. 363ff.)

a) Modernisierungsfortschritte

Es lassen sich in der Sozialstruktur der DDR drei markante Modernisierungsvorsprünge ausmachen.

Der erste "Vorsprung" bezieht sich auf den *Gleichstellungsvorsprung der Frauen* in der DDR, der

durch die ideologisch gesteuerte "Emanzipation von oben" ermöglicht und durch die

Abwanderungsbewegungen vor dem Bau der Mauer erzwungen wurde. Im Vergleich zur BRD

besaßen die Frauen in der DDR einen allgemein höheren Bildungsstand, waren in der Mitte der

Berufshierarchie stärker vertreten und zudem politisch engagierter. Verstärkte Bildung und

Berufstätigkeit von Frauen trug auch zur Auflockerung geschlechtsspezifischer Arbeitsteilung in den

Familien bei, nicht aber zur Infragestellung des Modells der "bürgerlichen" Familie zugunsten

alternativer Formen des Zusammenlebens, wie dies in der BRD seit den 1960/70er Jahren

zunehmend der Fall wurde. (Geißler(B) 1992, S. 15f.)

Der zweite "Vorsprung" ist im Bereich der *Versorgung mit beruflicher Qualifikation* anzusiedeln.

Kurz vor der Wende waren in der BRD noch 23% aller Erwerbstätigen Ungelernte, aber nur 10% in

der DDR. (Geißler(B) 1992, S. 16f.) Man muss diesen Vorsprung insofern relativieren, als auch

Teilfacharbeiter in den statistischen Angaben der DDR berücksichtigt sind.

Umstritten ist, ob auch die *Verhinderung sozialer Randlagen* durch eine Politik der "Angleichung

aller Schichten und Klassen" als Modernisierungsfortschritt gewertet werden kann. In der DDR

wurde stets darauf geachtet, möglicht viele Menschen in den Arbeitsprozess zu integrieren und eine

Versorgung mit Grundbedürfnissen (Nahrungsmittel, Miete etc.) durch Subventionen und

Zuteilungen zu sichern, um die Entstehung sozialer Risikogruppen zu verhindern. Im Hinblick auf die

Einebnung von Leistungsanreizen und die Exklusion nicht im Arbeitsprozess befindlicher

Personengruppen (z.B. "Vernachlässigung der Rentner") werden an dieser Stelle bereits

modernisierungshemmende Faktoren deutlich. (Geißler 1996, S. 371f.)

4

b) Modernisierungsdefizite

Daneben bestanden aber auch erhebliche Modernisierungsdefizite, die den Menschen in der DDR bei einem Vergleich ihrer Lebensbedingungen mit denen in der BRD stets deutlich wurden und im Rahmen des "Wettbewerbs der Systeme" der DDR zum Nachteil gereichten.

Ein zentrales Modernisierungsdefizit stellt das *Wohlstandsgefälle* im Vergleich zum Westen dar. Der niedrige Lebensstandard und die schlechtere Versorgung mit Konsumgütern und Dienstleistungen konnte auch durch ein hohes Maß an sozialer Sicherheit nicht ausgeglichen werden.

Als einen wichtigen Grund für Produktivitätsrückstände der Wirtschaft und die Defizite im Lebensstandard lässt sich die ideologisch gewollte *Entsubjektivierung von Wirtschaft und Gesellschaft* anführen. Statt der Befriedigung von Einzel- und Gruppeninteressen stand das "Klasseninteresse" (von Arbeitern und Bauern) im Vordergrund der DDR- Politik. Ökonomische und politische Macht wurde zentralisiert, indem die Wirtschaft von Marktabhängigkeit entkoppelt wurde und kaum Freiräume für individuelle politische Rechte und Teilhabe außerhalb des institutionell und ideologisch vorgegebenen Rahmens zugelassen wurden. (Adler 1991, S. 157ff.)

Die egalitäre Gesellschaftspolitik der DDR sah eine "Annäherung aller Klassen und Schichten" vor, was in Form einer *übermäßigen Nivellierung vertikaler Ungleichheiten* verwirklicht wurde. Die Einkommen von Selbständigen, Wissenschaftlern, Angestellten, Arbeitern und Landwirten waren in der DDR wesentlich stärker nivelliert als in der BRD. Die mangelnde Ausdifferenzierung der Einkommen wirkte sich leistungs- und innovationshemmend im ökonomischen Bereich aus und wird oft als "causa finalis" für gravierende Produktivitäts- und Innovationsrückstände der "sozialistischen" Planwirtschaft und damit für das letztliche Scheitern des Sozialismus bezeichnet. (Lötsch 1991.)

Demgegenüber existierte aber noch ein Modernisierungsdefizit, dessen systemsprengende Kraft gegenüber den ökonomischen Triebkräften nicht unterschätzt werden darf, nämlich die *übermäßige Konzentration von Macht* in den Händen einer kleinen, überalterten Parteielite mit zunehmenden Rekrutierungsschwierigkeiten. Während in bezug auf die starke Nivellierung sozialer Ungleichheiten gesagt werden kann: "Fast alle hatten wenig, aber keiner hatte nichts.", muss bezüglich der ungleichen Verteilung von Macht festgestellt werden: "Ganz wenige hatten fast alles und nahezu alle

hatten fast nichts." (Adler 1991, S. 159.) Es existierte kein ernsthafter Pluralismus, so dass auch

keine wirksame Kontrolle der SED- Herrschaft möglich war. Für die Aufrechterhaltung der

Machtstrukturen sorgte ein aufgeblähter Staatsapparat, eine umfangreiche "sozialistische

Dienstklasse", für deren Unterhaltung ein großer personeller und materieller Aufwand getrieben

werden musste. (Geißler(B) 1992, S. 18f./ Geißler 1996, S. 364f.) Konzentration, Monopolisierung

und Zentralisierung politischer Macht wirkte sich innovationshemmend und letztlich

systemsprengend aus, weil die Staatsführung versuchte, das Defizit an politischer Partizipation durch

ein Mehr an sozialer Sicherheit auszugleichen, um für eine "Pazifizierung" der Gesellschaft zu

sorgen. Diese "Pazifizierungsstrategie" konnte aber nur so lange funktionieren, bis man an die

Grenzen der materiellen Leistungsfähigkeit der realsozialistischen Planwirtschaft stieß.[2] (Adler 1991,

S. 160ff.)

Ein weiteres Modernisierungsdefizit hat mit der Verquickung von Wirtschaft und Politik in der DDR

und den daraus resultierenden Modalitäten für sozialen Aufstieg zu tun. *Soziale Statuszuweisung*

war in hohem Maße politisiert worden. SED- Loyalität war Voraussetzung für sozialen Aufstieg und

zwar oft in stärkerem Maße als beruflich- fachliche Qualifikation. Außerdem führte sozialer Aufstieg

und Statuszuweisung in der DDR oftmals über "Kadersysteme", in denen Gunst und persönliche

Loyalitäten eine wichtige Rolle spielten. (Geißler(B) 1992, S.19./ Geißler 1996, S. 365./ Adler 1991,

S. 163f.)

In der sektoralen Verteilung der Beschäftigten ist in der DDR ein *Tertiärisierungsrückstand* fest-

zustellen. Tendenziell ist seit den 1960er Jahren in der BRD und allen anderen westlichen

Industriegesellschaften eine Abnahme von Beschäftigung und Produktion im primären und

sekundären Sektor zu beobachten, während der Dienstleistungssektor kontinuierlich wächst. Diese

Entwicklung zu einer Dienstleistungsgesellschaft hat sich in der DDR nicht, bzw. sehr viel langsamer

vollzogen. 1989 waren 40% aller Erwerbstätigen in der DDR im tertiären Sektor beschäftigt (BRD:

55%), die wenigsten davon im privaten, die überwiegende Mehrheit im staatlichen Bereich und

---

[2]Westliche Kredite konnten das Ende der "Pazifizierungsstrategie" nur noch hinauszögern.

davon ist wiederum ein großer Teil der aufgeblähten Bürokratie, bzw. der "sozialistischen

Dienstklasse" zuzuordnen. Demgegenüber waren noch überdurchschnittlich viele Erwerbstätige in

Industrie (50%, BRD: 41%) und Landwirtschaft (11%, BRD: 3,7%) beschäftigt. Der Wandel in Technologie

und Produktionsweise (in Richtung der so genannten „immateriellen Produktionsweise") konnte unter den

Bedingungen der staatlich gelenkten Planwirtschaft nur unzureichend nachvollzogen werden. (Geißler(B)

1992, S. 20)

Erwerbstätige nach Wirtschaftsbereichen in der DDR und der BRD in %

Wirtschaftsbereich	1950		1960		1970		1980		1989	
	DDR	BRD	DDR	BRD	DDR	BRD	DDR	BRD	DDR	BRD
Agrarsektor	27,9	24,6	17	13,3	12,8	8,8	10,7	5,3	11	3,7
prod. Gewerbe	43,9	42,6	48,7	48,4	51,2	48,7	51,5	45,3	50	41
Dienstleistungssektor	28,2	32,8	34,3	38,3	36	42,5	37,8	49,4	40	55

Quelle: Thomas 1989. S. 38; Geißler(B) 1992, S. 20.

In der sozialistischen Planwirtschaft der DDR sollten Selbständige keine entscheidende Rolle mehr

spielen. Vergesellschaftung, Zentralisierung und Planung führten zu einer *quasi- Vernichtung des*

alten Mittelstandes (DDR: 2,2%, BRD: 11% Selbständige). Inflexibilität, Bürokratisierung und

mangelnde Nachfrageorientierung der planwirtschaftlich gelenkten Großbetriebe wirkte sich

dadurch um so gravierender auf die Versorgung der Bevölkerung mit Gütern und Dienstleistungen

aus, weil es an mittelständischen Betrieben mangelte, die eine flexiblere und effizientere Erfüllung

von Kundenwünschen leisten können. (Geißler(B) 1992, S. 21/ Ebd. 1996, S. 365.)

Man kann die DDR nicht nur als *extensive Arbeitsgesellschaft* bezeichnen, weil die Erwerbsquote

im internationalen Vergleich sehr hoch anzusiedeln ist, sondern auch wegen dem hohen immateriellen

Wert, der mit "Arbeit" in Verbindung gebracht wurde. Der betriebliche Arbeitsplatz bestimmte in

der DDR auch weitestgehend Lebens- und Freizeitraum und war daher am Prozess stärker

identitätsstiftend als beispielsweise die Teilhabe am Konsum, die in der BRD in zunehmendem Maße

ein Faktor bei der Identitätsbildung darstellte. (Vgl. Geißler 1996, S. 365f.)

Ein Modernisierungsdefizit lässt sich auch im Bildungssystem der DDR ausfindig machen.

Sozialer Aufstieg wird in modernen Gesellschaften in der Regel über ein Mehr an Bildung er-

möglicht. In der DDR machten sich, nach Arbeiter und Bauern begünstigen "bildungspolitischen

Experimenten" in der Anfangszeit, bereits in den späten 1950er Jahren *Schließungstendenzen im Bildungswesen*, insbesondere was die Öffnung der Universitäten für Arbeiterkinder betrifft, bemerkbar. Der Anteil von Arbeiterkindern an der Studentenschaft der wissenschaftlichen Hochschulen in der DDR verringerte sich von 1958 bis 1988 von 53% auf 7%, während er in der BRD zumindest sehr langsam anstieg. Die Schließungstendenzen im Bildungswesen lassen sich als Hemmnisse für vertikale Mobilität und somit als Modernisierungsdefizit im Sinne der Verhinderung einer leistungsbezogenen Chancengleichheit interpretieren. (Geißler(B) 1992, S. 20f./ Ebd. 1983, S. 755-770.) Die DDR- Gesellschaft wies, mit Ausnahme der Wiederaufbauphase, ein hohes Maß an Statusvererbung und ein geringes Maß an vertikaler Mobilität auf, so dass man von einer statischen Gesellschaft sprechen kann. (Solga 1995, S. 159ff.)

Vererbungsindizes der einzelnen Klassenlagen für vier Geburtenkohorten der DDR

	1929-31	1939-41	1951-53	1959-61
Bauern	10	6,8	5	7,5
Selbständige	4,5	4,4	3,9	k.A.
soz. Dienstklassen	2,2	4,1	4,5	5,4
Arbeiter	3,1	2,1	2,2	3,1

Referenzwert 1 = Chancengleichheit
Quelle: Solga 1995, S. 171.

Ein "bürgerliches Überbleibsel" in der realsozialistischen Gesellschaft der DDR ist der *hohe Stellenwert der Familie* und der Fortbestand des *Familialismus*. Ostdeutsche heirateten früher, hatten mehr Kinder, während alternative Formen des Zusammenlebens wie sie sich in der BRD herausbildeten, in der DDR kaum Verbreitung fanden. (Geißler 1996, S. 366.)

Der *zweite demographische Übergang* trat in der DDR *stark verzögert* ein. In der BRD zeichnete sich bereits in den 1960er Jahren die Tendenz ab, dass die Fertilitätsrate unter die Mortalitätsrate sinken würde. In der DDR blieb hingegen die Mortalitätsrate, aufgrund der schlechteren Lebensbedingungen, vergleichsweise hoch, während die Geburtenrate über familienpolitische Maßnahmen ebenso hoch gehalten wurde. (Geißler 1996, S. 366.)

Ein weiteres Modernisierungsdefizit, das die Leistungs- und Innovationsfähigkeit von Wirtschaft und Gesellschaft der DDR behinderte, stellt der hohe *Abwanderungsdruck* dar. Der "Massenexodus" aus der SbZ, bzw. aus der DDR, der zu einem kaum zu verkraftenden Verlust qualifizierter Arbeitskräfte mit negativen Auswirkungen auf die Produktivität führte, konnte nur durch den Bau der

Mauer und die Abriegelung der Grenzen von 1961 bis 1989 gehemmt werden. (Geißler 1996, S. 366.)

Zu ergänzen bleibt das *Defizit an ökologischer Lebensqualität*. Der Ausbau industrieller und landwirtschaftlicher Großbetriebe und deren mangelnde Modernisierung führten in manchen Teilen der DDR zu Umweltschäden, die die Lebensqualität der Menschen zusätzlich minderten.

IV. Nachholende Modernisierung in den neuen Bundesländern

Die Auswirkungen der Wiedervereinigung auf die Sozialstrukturen von BRD und DDR stellten sich als sehr unterschiedlich heraus. Während die Sozialstruktur Westdeutschlands relativ stabil blieb und kaum Veränderungen als direkte Folgen der Wiedervereinigung auftraten, vollzog sich in Ostdeutschland durch den Austausch von politischem System, Rechtssystem und durch die Transformation des ökonomischen Systems in Richtung Marktwirtschaft, ein erheblicher Bruch. Daher kann man nicht von einem Zusammenwachsen beider deutschen Staaten sprechen, sondern von einer Angleichung der DDR- Sozialstruktur an das Modell der BRD. Diese Angleichung vollzieht sich in Form einer nachholenden Modernisierung, es lassen sich allerdings in einigen Teilbereichen auch Aspekte von Demodernisierung finden. (Geißler(B) 1992, S. 21ff./ Geißler 1996, S. 366ff.)

a) Modernisierungstendenzen als Folge der Wiedervereinigung

An erster Stelle steht die *Verringerung des Wohlstandsgefälles*. Dazu beigetragen haben: die Anhebung von Löhnen und Gehältern (,die allerdings noch längst nicht Westniveau erreicht haben), der Qualitäts- und Quantitätssprung im Konsum- und Dienstleistungsangebot, sowie die Verbesserungen von Infrastruktur und Umweltbedingungen. (Geißler 1996, S. 368.)

Rasch vollzogen wurde die politische Angleichung an das System der BRD. *Dezentralisierung und Teilung der Macht* und Demokratisierung bedeuteten auch das Ende der "sozialistischen Dienstklasse" und die Rückführung der staatlichen Bürokratie auf ein westliches "Normalmaß". (Geißler(B) 1992, S. 22f.)

9

Demokratisierung einerseits und Umstellung des ökonomischen Systems auf das marktwirtschaft-

liche Modell der BRD andererseits brachten die *Entpolitisierung der Statuszuweisung* mit sich. Be-

ruflicher und sozialer Erfolg orientierten sich jetzt auch in der ehemaligen DDR stärker an sachlich-

funktionalen Leistungskriterien und wurden von politischen Loyalitäten entkoppelt und so ein leistungs-

und innovationshemmenden Moment in der Sozialstruktur Ostdeutschlands weitgehend beseitigt.

(Geißler(B) 1992, S. 23/ Geißler 1996, S. 368f.)

Die Umstellung auf marktabhängiges Wirtschaften erforderte auch eine *vertikale Ausdifferenzie-

rung nach oben* der Gesellschaft der ehemaligen DDR. Leistungshemmende soziale Nivellierungen

wurden aufgehoben, die Einkommensabstände zwischen den einzelnen Statusgruppen wurden wieder

größer, während insgesamt betrachtet Einkommen und Lebensstandard stiegen ("Fahrstuhl Effekt").

Der Zusammenhang zwischen Effizienz und vertikaler Differenzierung schließt nicht aus, dass es im

Zuge der vertikalen Ausdifferenzierung zu sozialen Ungleichheiten kommen kann, die keinen

effizienzsteigernden, oder leistungsfördernden Effekt erbringen. (Geißler 1996, S. 369.)

Mit der Umstellung des ökonomischen Systems hat auch der nachgeholte *Tertiärisierungsschub* in

den neuen Bundesländern zu tun. Viele ostdeutsche Großbetriebe in Landwirtschaft und Industrie

erwiesen sich unter den Bedingungen des feien Marktes nicht mehr als konkurrenzfähig. Die

überwiegende Mehrzahl neuer Arbeitsplätze entstand im Dienstleistungssektor, was auch ein

Anwachsen von Dienstleistungsmittelschichten zu Folge hatte. (Geißler 1996, S. 369.)

Die *Revitalisierung des alten Mittelstandes* ist mit der Umstellung des ökonomischen Systems in der

ehemaligen DDR zu beobachten, verläuft allerdings nicht unproblematisch. Zum einen findet eine

starke Überschichtung durch westliche Selbständige statt, zum anderen entstehen viele "Notgrün-

dungen" aus der Arbeitslosigkeit oder anderen prekären Soziallagen heraus. (Geißler 1996, S. 369f.)

Der in der Wendezeit sprunghaft angeschnellte Abwanderungsdruck flaute mit der (z.T. schleppend

anlaufenden) Angleichung der Lebensbedingungen ab. Neben der Ost - West Migration stellte sich

nun auch eine Migrationsbewegung in umgekehrter Richtung ein als Folgeerscheinung der Über-

schichtung durch westliche Führungskräfte im Bereich von leitenden Beamten, Angestellten und

Selbständigen. (Geißler 1996, S. 369.)

Die sozio- kulturell relativ homogene Sozialstruktur der DDR[3] sieht sich seit der Wiederverei-

nigung *Individualisierungstendenzen* gegenüber. Die Steigerung des Lebensstandards und die

Vermehrung der Freiräume für individuelles Handeln, hatten eine Pluralisierung von Lebensformen

und Lebensstilen zur Folge. Als ein Aspekt dieser Individualisierungstendenzen kann der Wandel der

Familienformen und die Ausbreitung alternativer Lebensformen angenommen werden. (Geißler

1996, S. 370.)

Abschließend lässt sich auch eine Verbesserung der ökologischen Lebensqualität in den neuen

Bundesländern feststellen. Dies ist aber nicht ausschließlich auf staatliche Sanierungsmaßnahmen

zurückzuführen, sondern ergibt sich aus der Abwicklung unrentabler und technisch veralteter

industrieller und landwirtschaftlicher Großbetriebe.

b) Demodernisierungstendenzen als Folge der Wiedervereinigung

Wie bereits erwähnt, hat die Angleichung der ostdeutschen Sozialstruktur an das westliche Muster

auch demodernisierende Effekte. Demodernisierung lässt sich als jene Kraft definieren, die Leistungs-

fähigkeit und Effizienz einer Sozialstruktur hemmt und bestimmten gesellschaftlichen Gruppen, oder

der Gesamtgesellschaft mehr Versagungen als Befriedigungen von Bedürfnissen beschert.

Die *Zunahme geschlechtsspezifischer Ungleichheiten* lässt sich beispielsweise als ein demoderni-

sierendes Element im Gefolge der Angleichung der ostdeutschen Sozialstruktur an das westliche

Modell nennen. Ein Teil des sozialstrukturellen Gleichstellungsvorsprungs im Berufs- und

Bildungssystem ist im Zuge der Vereinigung verloren gegangen. Der Anteil von Frauen an der

Erwerbsbevölkerung ging mit der sozio- ökonomischen Krise im Gefolge der Angleichung des

Wirtschaftssystems zurück. Auch im Bildungssystem konnte der Gleichstellungsvorsprung in

Ostdeutschland nicht gehalten werden. Ob dies eine anhaltende oder eine vorübergehende Tendenz

ist, lässt sich zurzeit noch nicht mit Sicherheit sagen. (Geißler 1996, S. 371.)

Auch das *Entstehen neuer sozialer Randgruppen und Unterschichten* im Gefolge der Vereinigung

lässt sich als Demodernisierung bezeichnen. Während in der DDR durch umfassende soziale

---

[3] In der DDR wurde versucht, durch ideologische Indoktrination und Organisation Homogenität bezüglich Interessens-
und Lebenslagen der Bevölkerung zu erzeugen. Im Gegensatz zu totalitären Regimen bestanden in der DDR aber
vergleichsweise große private Freiräume.

Sicherungsmaßnahmen und "Institutionalisierung" der Vollbeschäftigung ein sozialer Abstieg, insbesondere von Risikogruppen, wie Langzeitarbeitslose, Alleinerziehende, Kinderreiche, ältere Arbeitnehmer, verhindert wurde, sind ebendiese Risikogruppen im Gefolge der Umstellung des ökonomischen Systems besonders von sozialem Abstieg und Armut bedroht. Auch ein ausgebauter Sozialstaat konnte bisher diese Risiken nicht immer angemessen abfedern. (Geißler 1996, S. 371f.) Es lässt sich feststellen, dass mit der Wiedervereinigung neben fortbestehenden, bzw. neuen vertikalen Ungleichheiten in Ost und West, regionale Ungleichheiten treten, und zwar trotz der aufgezeigten nachholenden Modernisierung der Sozialstruktur der ehemaligen DDR. Dies hat mit dem Tempo der nachholenden Modernisierung zu tun. Während sich das Tempo der Angleichungen in einigen gesellschaftlichen Teilbereichen zu langsam vollzieht und "Leistungsdefizite" der Sozialstruktur fortbestehen, geschieht der Wandel gesellschaftlicher Strukturen in anderen Teilbereichen mit einer Geschwindigkeit, die Teile der Gesellschaft, insbesondere soziale Risikogruppen zu "Modernisierungsverlierern" macht und außerdem Demodernisierungseffekte zur Folge hat. (Geißler 1996, S. 372-374.)

V. Zusammenfassung

Folgt man der klassischen Modernisierungstheorie, lässt sich die Sozialstruktur der DDR als Rückschritt in eine "quasi- feudale" Gesellschaftsordnung charakterisieren. Die funktionale Ausdifferenzierung der Gesellschaft wurde rückgängig gemacht. Ökonomische, politische und kulturelle Pluralität wurde entsprechend der ideologischen Vorgaben des Marxismus- Leninismus homogenisiert und die Entscheidungsfindung in diesen gesellschaftlichen Teilbereichen zentralisiert (im Zentralkomitee und im Politbüro). Die seit der Wiedervereinigung erfolgende Angleichung an das westlich- liberale Gesellschaftsmodell ist folglich als notwendige Fortsetzung und Vollendung des Modernisierungsprozesses zu interpretieren.

Versteht man Modernisierung nicht als einen zielgerichteten Prozess, sondern nimmt als Indikator für Modernität "eine möglichst hohe Befriedigung der Wünsche und Bedürfnisse möglichst vieler Menschen" durch eine positive Bilanz von Befriedigungen und Versagungen an, ergibt sich ein differenzierteres Bild. (Geißler(A) 1992, S. 305.) Es lassen sich in der Sozialstruktur der DDR sowohl Modernisierungsfortschritte, als auch Modernisierungsdefizite ausfindig machen, wobei die Modernisierungsdefizite eindeutig überwogen und z.T. systemsprengend wirkten. Die Angleichung der ostdeutschen Sozialstruktur an das westdeutsche Modell kann im Gegenzug auch nicht ausschließlich Modernisierungsfortschritte aufweisen, sondern ist auch durch Demodernisierung und die Produktion von "Modernisierungsverlierern" in einigen Teilbereichen gekennzeichnet. Da die Gesamtbilanz von Befriedigungen und Versagungen aber positiv ausfällt, kann ohne Zweifel von einem Modernisierungsprozess gesprochen werden. (Geißler 1996, S. 372.)

Literaturverzeichnis

Adler, Frank, Ansätze zur Rekonstruktion der Sozialstruktur des DDR- Realsozialismus, in: Berliner Journal für Soziologie 1 (1991), S. 157-175.

Fukuyama, Francis, Das Ende der Geschichte. Wo stehen wir?, München 1992.

Geißler, Rainer, Bildungschancen und Statusvererbung in der DDR, in: KZfS 35 (1983), S. 755-770.

Geißler(A), Rainer, Die Sozialstruktur Deutschlands. Ein Studienbuch zur sozialstrukturellen Ent- wicklung in geteilten und vereinigten Deutschland, Opladen 1992.

Geißler(B), Rainer, Die ostdeutsche Sozialstruktur unter Modernisierungsdruck, in: Aus Politik und Zeitgeschichte B 29/30 (1992), S. 15-28.

Geißler, Rainer, Die Sozialstruktur Deutschlands. Zur gesellschaftlichen Entwicklung mit einer Zwischen- bilanz der Vereinigung, Opladen (2.Aufl.) 1996.

Haensch, Walter/ Martens, Rudolf/ Schneider, Ulrich/ Weißkirchen, Martin, Die neuen Bundesländer: Herausforderung für Armutsforschung und Armutspolitik, in: Reiner Hoffmann/ Norbert Kluge/ Gudrun Linne/ Erika Mezger (Hg.), Problemstart: Politischer und sozialer Wandel in den neuen Bundesländern, Köln 1994, S. 114-137.

Lötsch, Manfred, Konturen einer Theorie der Sozialstruktur, in: Berliner Journal für Soziologie 1 (1991), S. 195-202.

Parsons, Talcott, Das System der modernen Gesellschaften, München 1972.

Rucht, D., Modernisierung und neue soziale Bewegung, Frankfurt a.M. 1994.

Solga, Heike, Auf dem Weg in die klassenlose Gesellschaft? Klassenlagen und Mobilität zwischen Generationen in der DDR, Berlin 1995.

Thomas, Rüdiger, Aspekte des sozialen Wandels in der DDR, in: Heiner Timmermann (Hg.), Sozialstruktur und sozialer Wandel in der DDR, Saarbrücken (2.Aufl.) 1989, S. 27-53.

BEI GRIN MACHT SICH IHR WISSEN BEZAHLT

- Wir veröffentlichen Ihre Hausarbeit,
  Bachelor- und Masterarbeit

- Ihr eigenes eBook und Buch -
  weltweit in allen wichtigen Shops

- Verdienen Sie an jedem Verkauf

Jetzt bei www.GRIN.com hochladen
und kostenlos publizieren